PARIS,

LIBRAIRIE...

1868

ABEL HOVELACQUE

LA THÉORIE SPÉCIEUSE

DE

LAUTVERSCHIEBUNG

PARIS

MAISONNEUVE ET Cᶜ, LIBRAIRES-ÉDITEURS

15, QUAI VOLTAIRE, 15

1868

PARIS. — IMP. SIMON RAÇON ET COMP., RUE D'ERFURTH, 1.

A MONSIEUR H. CHAVÉE

Monsieur et cher maître,

Dans votre cours de 1866, abordant l'étude si intéressante des idiomes germaniques, vous fûtes amené, dès les premières leçons, à l'examen de la loi de Grimm, cette *Lautverschiebung*, cette circulation phonétique tenue par l'école allemande tout entière pour un phénomène avéré et indiscutable. Sous votre savante parole, les faits s'accumulant et recevant une interprétation rigoureusement physiologique, furent restitués à leur ordre naturel : il apparut que la théorie fameuse était en complet désaccord avec la réalité des choses. Deux ans se sont écoulés depuis vos démonstrations orales, et chaque jour n'a pu qu'apporter de nouvelles garanties à ma conviction en votre enseignement. Permettez-moi, monsieur et cher maître, de joindre à votre autorité mes faibles forces, d'insister après vous sur une aussi grave question, et de vous présenter ces quelques pages en expression de mon reconnaissant et respectueux dévouement.

A. H.

LA THÉORIE SPÉCIEUSE

DE

LAUTVERSCHIEBUNG

Il est indispensable de commencer par quelques observations phonologiques l'examen de la loi de *Lautverschiebung*.

Abstraction faite des sons nasaux, si répétés en français, *an, in, un, on*, les voyelles se distinguent en voyelles polarisables et en voyelles neutres.

Tout le monde perçoit distinctement la sécheresse, la brièveté, la rudesse, la force en un mot de cet *e*, que nous entendons dans *les, mets*..... Voici la grâce, la longueur, la douceur, la faiblesse dans *tête, chair*.

De la ligne palatale, passons à la ligne labiale : voici l'*ô* doux et long de *chaume, rôle*, l'*o* fort et bref de *gomme, hotte*.

Opposons de même l'*u* (ü) faible de *mûr* à l'*u* fort de *tu ;* l'*i* faible de *cime* à l'*i* fort de *dit* ; l'*eu* faible de *sœur* à l'*eu* fort de *seul, je, te, que, le, me, se, ne* ; l'*ou* faible de *roue, boue* à l'*ou* fort de *tout, fou, sou*.

Entre le pôle fort et le pôle faible existe forcément un point neutre : dans deux paires de voyelles ce point intermédiaire s'est réalisé en français.

1° Entre l'*è* fort et l'*é* faible se trouve ce qu'on appelle, à tort ou à raison, l'*é* fermé : *thé, céder, réglez*. — 2° Entre l'*eu* long et l'*eu* bref, voici l'*eu* neutre de *feu, jeu, deux, heureux*.

Dans la ligne labiale il est aisé de citer comme voyelle neutre l'*o* fermé du wallon, *rope* (robe), *fo*.

Ce phénomène de bisexualité, si aisé à constater dans le vocalisme, du moment que l'œil est fermé aux caractères multiples de la transcription et que l'oreille seule est consultée, ce phénomène, dis-je, se retrouve bien nettement réalisé dans le consonnantisme explosif.

L'explosive faible, douée de résonnance intra-buccale, l'explosive forte privée de cette résonnance, nous représentent, tout comme les paires de voyelles, la douceur et la rudesse, la longueur et la brièveté, la grâce et la sécheresse.

Écartez cette colossale et classique méprise qui, faisant confondre le nom d'un caractère graphique avec le bruit articulé, donne à entendre *bé, jé, dé, pé, té, ka* au lieu des franches explosions B, D, G, P, T, K (ne s'étayant sur aucun son vocalique), et, partant de cette saine prononciation, opposez la faible B à la forte P, la faible D à la forte T, la faible G à la forte K.

Une fois les pôles établis, arrivons aux points neutres. Les explosives « insexuelles » sont BH, DH, GH, vulgairement qualifiées d'aspirées.

Seul le courant d'air pulmonaire, représenté ici par H, peut empêcher le susurrement buccal caractéristique des faibles ou sonores B, D, G.

Pénétrons-nous bien de cette position intermédiaire, sans caractère, neutre, des explosives aspirées :

```
B_____BH_____P
D_____DH_____T
G_____GH_____K :
```

aux deux extrémités de l'axe les sexes opposés, entre les sexes l'indifférente ou neutre.

Que firent les Aryo-Germains, j'entends les Germains purs, d'où Scandinaves, Gots, Saxons, etc. ?

Guidés par une cause ou par une autre, *ils renforcèrent toutes les explosives.*

Nous verrons tout à l'heure comment ils firent progresser les fortes, à savoir *p, t, k* : quant aux faibles, *b, d, g,* ils les montèrent tout naturellement au rang de fortes. Mais les neutres, comment les tirer de leur indifférence?...

On sait que les aspirées aryaques placées dans le corps du vocable, passent en latin à l'explosive faible correspondante :

ABBHAYATI lat. *orbat* il prive, cf. φ dè ὀρφανός ;
MADHYAS lat. *medius* mitoyen, sk. *madhyas*;
ANGHASAI (dat.) lat. *angere*, cf. ἄγχω.

On sait que, pour l'esclavon liturgique, ces mêmes aspirées se changent également en explosives faibles :

Verbe simple BHU, escl. 1. *byja* qui est, cf. φ de φύσις ;
Vb. s. DHU, escl. 1. *dyχati* souffler, cf. *dh* du sk. *dhûma-s* fumée.
De même en zend.

De même en vieux perse :

Vb. s. BHU, v. p. *abavam* j'étais, cf. *bh* du sk. *bhavâmi* je suis ;
Vb. s. DHA, v. p. *adâ* il plaça, cf. θ de θέσις position.
De même en lithuanien, en vieil irlandais.

Qu'y a-t-il au fond de ce phénomène ? Évidemment un renforcement ; BH contient déjà le geste oral du pôle faible, de même DH, GH : dès que se trouve négligée cette colonne d'air dont nous parlions tout à l'heure, laquelle peut seule empêcher le susurrement buccal, c. à d. la sonorité caractéristique de B, D, G, le pôle faible est tout naturellement atteint.

De la sorte DH, DH, GH, bien que situés entre B et P, D et T, G et K, se trouvent réellement à un degré de B, D, G, à deux degrés de P, T, K.

Ascension d'aspirées à faibles :

BHRĀTAR-S (nom. sing.) frère, gr. φράτηρ = *φράτερς, got. *brôthar* ;
Rac. BHAG briller, brûler, gr. φώγειν, got. *bakan* cuire ;
Rac. DHAGH briller, sk. *dahâmi* je brille, pour * *dhaghâmi* (*Rev. de Ling.*, I, *fasc.* 3), got. *dagan* briller, *dags* (nom sing.) jour ;
GHUMAN (thème) homme, lat. *homon* (th.) got. *guman* (th.) ;
GHASTI-S étranger, lat. *hostis*, got. *gasts* [1].

¹ Avec *t* maintenu contre la progression par *s*.

Ascension de faibles à fortes :

Rac. MAᴅ mesurer, lat. *modus, modestus*, got. *mitan*, mesurer ; ᴅᴀʀ-ᴡᴀ-s (thème) d'où ᴅᴀʀᴜ (ἔδρυ) puis ᴅʀᴜ bois, arbre, sk. *dru-s*, gr. δρῦ-ς, got. *triu* ;

(ᴅ)ʏᴜɢᴀᴍ joug, sk. *yugam*, got. *juk*.

Maintenant que fit le germanisme commun des explosives fortes aryaques ? Le gotique va nous l'apprendre :

ᴜᴘᴀ sous, sk. *upa*, got. *uf* ;

ᴘᴀʀ-ᴡᴀ-s d'où ᴘᴀʀᴜs nombreux, gr. πολύ-ς, got. *filu-s* ;

ᴛᴡᴀ tu, lat. *tu*, got. *thu* ;

Rac. ᴅᴀᴋ déchirer, sk. *daçyê* je suis mordu, got. *tahjan* lacérer ;

ᴡᴀɪᴋᴀs bourg, lat. *vicus*, got. *veihs*.

Nous voyons que ᴘ devient *f*, ᴛ, *th*, ᴋ, *h* : Or, en gotique, et dans tous les idiomes germaniques de premier degré, *f*, *th*, *h* sont trois sifflantes. La progression des fortes s'est donc opérée par leur sifflement, ce qui, au point de vue physiologique, est tout naturel. Essayez plusieurs fois de suite, et aussi *explosivement* qu'il vous sera possible, un ᴋ purement consonnantique : au bout de quelques répétitions, ce n'est plus ᴋ, c'est un *h* sifflant que vous émettrez. Si vous en usez de même avec ᴛ, fatalement la pointe de la langue viendra battre contre les dents supérieures : de là production du *th* dur anglais. Sifflement encore du ᴘ en *f*, lorsque l'explosive en question est lancée de toute vigueur.

Ici nous ne sommes qu'à moitié chemin dans l'étude de la progression germanique des explosives.

En effet, il arriva que le haut-allemand, frère du scandinave, du gotique, du bas-allemand, ne se contentant point de ce premier renforcement, insista sur l'insistance même et se caractérisa par une seconde progression. J'entends ici le vrai haut-allemand, celui que l'on a dénommé le « streng-alt-hochdeutsch ».

Le ʙᴜ aryaque, got. et anglo-sax. *b*, est *p* en h. all. :

ʙʜʀᴀᴛᴀʀ-s frère, got. *brôthar*, h. all. *pruodar* ;

Rac. ʙʜʀᴀɢ briser, got. *brikan*, h. all. *prëchan*.

Le DH organique, got., anglo-sax. *d*, est *t* en h. all. :

Rac. DHAGH briller, got. *dag-s* jour, h. all. *tac*;
Rac RUDH briller, brûler, got. *raud-s* rouge, h. all. *rôt*.

Le GH aryaque, got., anglo-sax. *g*, est *k* en h. all. :

Vb. s. GHU arroser, verser[1], got. *guma* homme, h. all. *komo*.

Des fortes germaniques communes, apparaissant comme telles en gotique, en anglo-sax., et représentant les faibles organiques, que fit le h. allemand?

Le procédé que les premiers Germains avaient appliqué au type aryaque, leur fut appliqué à eux-mêmes : leurs explosives fortes furent sifflées.

Ainsi le sifflement *ch*, *hh*, *h*, multiple par la forme, un par le fait auditible, se trouva en présence des *k* gotiques et bas-allemands; *pf*, *ph*, *f*, variés encore dans l'écriture, mais identiques à l'oreille, furent substitués au *p*.

Quant au *t* germanique, le h. all. ne le siffla point en *th*, comme le germanisme avait fait par rapport à l'aryaque : l'anglais, par ex., en est encore à cette première progression et s'efforce à la maintenir ; ses *th* représentent des τ aryaques, par conséquent grecs, latins, esclavons, lithuaniens, etc., tous idiomes chez lesquels l'explosive dentale forte organique s'est rigoureusement conservée. Je reviens au h. allemand : ce n'est point *th* sifflant qu'il nous présente ici, c'est *z*. Inutile d'entrer en des considérations particulières tant sur la naissance de cette sifflante, dont l'apparition n'est nullement insolite dans le système aryen[2], que sur une alliée intime qui lui survit, mais dont nous pouvons pour l'instant nous passer parfaitement.

Nous voyons donc le h. all. repoussant, autant qu'il le peut, la sifflante *th*.

[1] Cette qualification brutale n'a rien que de très-naturel dans l'ensemble du système aryen, et se trouve appuyée par de nombreuses analogies.
[2] Le *z* = *t* (fort) plus *s* fort a pour parallèle le ζ des Grecs né de *d* (faible) plus *s* faible. C'est au moyen d'un *i* intercalaire, ou existant déjà à la suite de *t* ou *d*, qu'on arrive à *ts* — *z* ou *ds* — ζ. On sait la coexistence des formes διά et ζά à travers, καρδία et κήρζα cœur, etc. Le got. *valljan*, pénétrer, nous donne de même la raison du h. all. *welzan*.

Il est manifeste que celle-ci était loin de se montrer dans les bouches germaniques aussi résistante que ses parallèles *f* et *h*. Non-seulement nous constaterons tout à l'heure que là où le *h* all. eût dû maintenir le *th* du germanisme commun, comme il en maintenait et le *f* et le *h*; apparut un *d* mesquin ; non-seulement nous constaterons que des trois principaux idiomes actuellement vivants du bas-allemand, anglais, flamand, hollandais, le premier seul sauve son *th* (représentant le *т* aryaque), tandis que ses deux frères le convertissent en *d* : angl. *thief*, holl. *dief*, angl. *thorn*, holl. *doorn*, angl. *that*, holl. *dat*..... mais encore il est facile d'assurer que, dès la période commune germanique, la sifflante *th* s'était déjà en plus d'une occasion modifiée en *d*[1].

Pour l'instant, tenons-nous-en au tableau suivant :

Vb. s. ᴅᴜ secondairement ᴅᴀᴍ. dompter, got. *ya-tamjan*, h. all. *zemjan ;*

Rac. ᴅɪᴋ montrer, indiquer, got. *teihan*, h. all. *ziha n*

ɢᴀɴᴜ genou, got. *kniu*, h. all. *chnio ;*

ᴀɢʀᴀ-s champ, got. *akrs*, h. all. *achar ;*

(ɴ)ᴀɢᴀᴍ je, got. *ik*, h. all. *ih ;*

Rac. ᴍᴀɢ pouvoir, got. *mikils* grand, h. all. *mihhil*.

Comme on le voit, le besoin de renforcement a trouvé pour se réaliser les voies les plus simples et les plus naturelles.

Or, et fatalement, la série de ces renforcements devait s'arrêter ici. Quel est en effet la matière de ces progressions ?... Les explosives. Eh bien ! tandis que le germanisme commun avait à s'exercer sur trois ordres d'explosives, les aspirées, les faibles, les fortes, le haut-allemand ne le pouvait que sur deux ordres, les faibles, les fortes, puisqu'il n'y avait point d'aspirées dans le fond commun germanique.

Total, cinq séries de renforcement : trois appartenant au gotique, au scandinave, au bas-allemand, au haut-allemand ; deux au haut-allemand seul.

---

[1] Soit dans toute l'étendue de ses frontières, soit seulement dans telle ou telle de ses parties. En tout cas, comme nous le démontrent le got. *fadar*, le h. all. *fatar*, un germanique commun * *fadar* a dû précéder le * *fathar* régulier représentant du vocable aryaque, d'où πατήρ, *pater*, etc..

Ainsi l'accueil que fit le h. all. aux sifflantes du premier germanisme, *f*, *th*, *h*, est en dehors du présent sujet. Pourtant je rappellerai ce qu'il en advint.

Comment faire progresser un sifflement? La chose est manifestement impossible. Ainsi ne nous étonnons pas de voir le *h* gotique, anglo-saxon, ayant pour collatéral un *h* h. all., le *f* également un *f*. — A l'égard du *th* j'ai dit plus haut que le h. all. le répudiait en principe : nous avons vu qu'un *th* attendu ne se présentait point dans la seconde insistance aux lieu et place du *t* germanique premier. L'idiome qui nous occupe ne maintint donc point cette sifflante tout en respectant les autres. Il l'amena à l'explosive faible *d* (voir plus haut, p. 10). Comment ce phénomène peut-il être interprété ?..... Ce qui se passe actuellement en anglais nous en donnera raison.

Ou bien il arrive que par un changement de sifflante[1] la dentale dure *th* se transmute en la labiale dure *f*, et que, par exemple, ce ne soit plus *nothing* mais *nofing* que l'on entende, — ou bien il se présente que *th* fort donne naissance par affaiblissement à un *th* faible. L'anglais en est encore, dans un grand nombre de vocables à ce *th* faible[2]. Ses congénères hollandais et flamand ont poussé plus loin : du т aryaque, ils ont d'abord fait un *th* fort, de celui-ci naquit un *th* doux, puis ils arrivèrent à *d*. Nul doute que dans une époque plus ou moins éloignée les *th* anglais n'apparaissent plus, eux aussi, que sous la forme *d*[3].

L'analogie nous amène à cette conclusion que le *th* du ger-

[1] Rien d'étonnant à cette sorte de permutation. Les langues éraniennes en offrent plus d'un exemple ; *Revue de Ling.*, I, 293. Sur le domaine allemand lui-même le fait se produit d'une façon remarquable : *is*, *dis* se présente en Tyrol pour *ich*, *dich*. Weinhold, *Bairische Grammatik*, §§ 155, 357. En anglais ne voyons-nous pas un *s* remplacer les *th* de la troisième personne du singulier, *th* subsistant encore dans Shakespeare?

[2] Tout en maintenant bien entendu le *th* dur en un grand nombre d'autres. Le *th* anglais est doux en principe lorsqu'il provient des pronoms organiques та et тwа, c'est-à-dire dans les pronoms, adverbes et suffixes : *that*, *thus*, *this*, *there*, *thou*, etc. Dans *through*, issu comme *trans*, sk. *tiras*, de racine pronominale, *th* est maintenu dur par le *r*.

[3] Sans préjudice pour ce fait que quelques *th* doux se changent en *v*, labiale douce, de même que quelques *th* durs se changent, ainsi que je l'ai dit, en *f* labiale forte.

manisme commun est tombé par la même voie à *d* en haut-allemand [1].

Quoi qu'il en soit, et sans reproduire les exemples plus haut
énoncés, le *schème*, ci-dessous établi, donnera un aperçu synthé-
tique de la progression germanique :

Ar.	BH.	DH.	GH
Germ.	*b.*	*d.*	*g*
H. all.	*p.*	*t.*	*k*
Ar.	B.	D.	G
Germ.	*p.*	*t.*	*k*
H. all.	*f* [2].	*z.*	*ch* [3]
Ar.	P.	T.	K
Germ.	*f.*	*th.*	*h*
H. all.	(f.	d.	h)

La dernière ligne, ne l'oublions point, ne fait plus partie de la
progression : j'ai eu soin de la typographier en caractères diffé-
rents et de la présenter entre parenthèses.

Observons que le *f* et le *h* du h. allemand peuvent être ramenés
à deux sources, soit le *p* et le *k*, soit le *f* et le *h* du germanisme
premier : cela est fort important pour la recherche étymologique.

Remarquons enfin, et j'ai eu soin déjà d'attirer l'attention sur
ce fait, qu'il ne s'agit ici que du dialecte h. allemand «rigoureux»,
du dialecte qui réalisa la seconde insistance dans sa plénitude,
en un mot du vrai type h. allemand.

[1] La variation polaire des sifflantes est un fait perpétuel dans le germanisme.
Le *s* dur (sur, sa, ça) et le *s* doux (cause, dose, zone), le *f* dur et le *v* doux
(ville, voir, veuve) s'échangent mutellement avec la plus grande facilité. Là,
par ex., où pour un *p* organique l'allemand possède *f*, le flamand, le hollandais présentent *v* : verbe simple PRU , couler, all. *flieszen*, fl. et holl. *vlieten* ; l'anglais plus correct que ses deux congénères bas-all. possède encore la forte dans
to flow.
[2] Ou *pf*, *ph*.
[3] Ou *hh*, *h*

A présent que nous tenons les faits, il est temps d'arriver à la théorie de *Lautverschiebung*.

Cette théorie, entre les ʙʜ, ᴅʜ, ɢʜ aryaques et les *b*, *d*, *g*, gotiques, saxons et autres, interpose un état passager *ph, th, kh*, ou, si l'on veut, φ, θ, χ selon que le figurent quelques auteurs.

De là résulte, par exemple pour la ligne labiale, le paradigme suivant :

Aryaque. . . . . ʙʜ
Germ. commun . . . . *ph*
    (1er *état*)
Germ. commun . . . . *b*
    (2e *état*)

Notez bien que le *ph* en question n'est point une sifflante, mais bien une explosive, ne se prononce point *f* mais bien *p* suivi d'une aspiration, ou mieux, d'une expiration.

Cette insertion des éléments *ph, th, kh* est gratuite, absolument gratuite. Encore un coup, le latin, les langues éraniennes, les idiomes celtiques, nous enseignent d'un commun accord que de ʙʜ, ᴅʜ, ɢʜ, à *b*, *d*, *g* un simple effet d'insistance fait franchir le passage sans intermédiaire aucun. (Voir p. 7.)

La fameuse théorie est donc fausse dès son point de départ ; et, comme je le montrerai tout à l'heure, l'erreur que voilà est factice et *a posteriori* ; c'est une erreur pour les besoins du cercle.

Rien à dire sur le passage de ʙ, ᴅ, ɢ à *p*, *t*, *k*.

Mais voici, au sujet du traitement des ᴘ, ᴛ, ᴋ, où se révèle le côté prodigieusement bizarre de la prétendue loi.

J'ai fait toucher au doigt ce fait que le sifflement était la seule insistance possible des explosives du degré extrême. (Voir p. 8.) L'inventeur et les adeptes de la *Lautverschiebung* ont méconnu ce devenir très-naturel et entièrement dénué d'artifice. Ils ont vu dans le *h* le reste d'un *kh* explosif, ils ont tenu le *th* pour l'explosive de même degré que ce *kh*, et, par analogie, ont admis que *f* devait être pour l'aspirée forte *ph* !

Ce singulier pêle-mêle n'est que la confusion de ces deux sortes d'éléments : aspirées, sifflantes. Or, les faits nous l'ont rendu avéré, *il n'y a point d'aspirées dans le germanisme*.

M. Schleicher s'est laissé prendre à cette confusion dans son volume si remarquable sur *la Langue allemande* et dans son *Compendium*.

Écoutez plutôt : « Le germanisme fit des anciens k, p, t, des « aspirées, même des sifflantes ; de k procéda kh puis h, de p « procéda ph puis f, de t procéda th[1]. » Ces trois mots *Aspiraten sogar Spiranten* forment le nœud inextricable : ce *sogar* qui passe presque inaperçu est gros de révélations. Traduisons-le dans sa rigueur, il donne à la phrase le sens que voici : « k, p, t, devinrent explosives aspirées, à savoir kh, ph, th, et de là furent sifflés, h, f, th. »

Donc encore un intermédiaire ; mais encore un intermédiaire que les faits, comme nous l'avons vu, démentent brutalement. Alors pourquoi l'introduire ?.... Voici : l'on avait dans l'esprit cette malencontreuse et obsédante circulation. A l'aide de ce « sogar » presque honteux, dirait-on, d'avouer que l'explosive forte aryaque arrive à être sifflée, à l'aide de ce « sogar » échappatoire, on raisonne de la sorte :

« Vous voyez que nous retombons aux aspirées *ph, th, kh* que nous avions ci-dessus entre вн, дн, ги et *b, d, g* ; donc nous nous trouvons dans un cercle ».

A ce raisonnement j'opposerai trois répliques :

1° Il n'y a pas eu de *ph, th, kh* entre вн, дн, ги et *b, d, g* germains premiers ;

2° Il n'y a pas eu de *ph, th, kh* entre р, т, к et *f, th* (sifflez), *h* (sifflez) ;

3° Vous laissez à l'écart, et comme si de rien n'était, les sifflements *f, th, h* : pourtant ils constituent effectivement la forme première germanique (got., anglo-sax., etc.) des р, т, к aryaques.

A cela près, et grâce ainsi, d'abord à l'intrusion double de trois éléments non réels, secondement à la suppression d'un terme effectif de la série, à cela près, dis-je, la théorie de *Lautverschiebung*, est parfaitement heureuse.

La seconde édition du *Compendium* de M. Schleicher formule

[1] Page 88 (1re édition).

encore la loi de Grimm tout comme le fait le volume *Die deutsche Sprache*. C'est au § 195.

On pense bien que si je m'adresse de la sorte au savant professeur d'Iéna, c'est que j'ai voulu prendre au plus haut rang possible un partisan de la doctrine en question, l'école allemande tout entière suivant ici les errements de Grimm.

Voici par exemple chez M. Max Müller l'équivalent du «sogar» de M. Schleicher :

« Nous passons maintenant à la troisième classe de mots, « c'est-à-dire, à ceux qui commencent en anglais et en gothique « par des aspirées, ou plus proprement parlant par des sif- « flantes. » *Nouvelles Leçons*, p. 279 de la traduction française.

Ou plus proprement parlant par des sifflantes : habemus confitentem. Puisque « plus proprement parlant » il y a là des sifflantes, de quel droit les appeler aspirées ? de quel droit les traiter pendant plus de trente pages en tant qu'aspirées ?

Dans la *Grammaire bavaroise* de M. Weinhold,[1] il se rencontre un certain nombre de notions évidemment faussées par l'adoption de la loi de Grimm. Ainsi, p. 127, nous lisons : « Au commence- « ment des vocables, un *b* eût dû répondre au *f* gotique-saxon. « Mais comme *f* n'est point soumis à la circulation (nicht « verschiebt), il n'y a point de *b* initial possible en haut-alle- « mand. » Dans le *schème* plus haut établi, nous avons vu, en effet, qu'il ne se présente point en h. all. de *b*[2], mais cela ne tient en aucune façon à ce que le *f* échappe à la circulation : c'est simplement parce que le germanisme commun ne présente point de *bh*. Au surplus dans la phrase que je viens de citer, voilà bien reproduit l'écart si curieux des éléments sifflants *f*, *th*, *h* du germanisme premier, écart arbitraire s'il en fût, mais voulu, ainsi qu'il a été remarqué page 14, pour la réalisation du cercle.

À l'égard de la confusion de sifflement et d'aspiration, le même auteur nous la présente par trois fois bien manifestement : « L'ASPIRÉE FORTE h. all. *ch* est dans le cercle le degré postérieur

[1] *Bairische Grammatik*, von Dr K. Weinhold, Berlin, 1867. C'est la seconde partie de la Grammaire des dialectes allemands, entreprise par le savant professeur de Kiel. La première partie « Alemanische Grammatik » est de 1863.

[2] Le *b* ne se produit en h. all. que par certaines variations accidentelles. Il peut suppléer par exemple les labiales *w* et *m*. Voir Weinhold, *op. citato*, p. 128. sq.

« à la ténue (explosive forte k) de la période linguistique précé-
« dente, » p. 185; « L'ASPIRÉE *h* = got. *h* ....., » p. 193 ; « L'ASPIRÉE
« FORTE labiale est représentée par *ph* et *pf*. » Or nous savons que
ch, *h*, *ph-pf*, sont purement et simplement des sifflantes et n'ont
rien à faire avec les aspirées.

La représentation graphique des sifflantes h. all. est, du reste,
à peu près satisfaisante. Ainsi dans *ch* le *c* donne à entendre que
l'on se trouve dans la ligne « gh, g, k », le *h* que la consonne en
question est un sifflement. J'en dirai tout autant de *ph*. La forme
pf est, comme le remarque d'ailleurs M. Weinhold, p. 131, secon-
daire à *ph*. J'entends la figure du caractère : quant au bruit
articulé, il est absolument le même, à savoir une sifflante. Ne
rencontrons-nous pas également les transcriptions *phf*, *fph*, *phpf*,
pph, *ppf*, *pfp*, *pfh* et même *bf*? (*Ibid.*)

Une citation encore du même ouvrage : « L'antique médiale (g)
« était devenu *k*, celui-ci s'était transformé en *ch*, dont *h* était
« resté. » Cette intrusion d'un élément explosif aspiré fort entre
l'explosive *k* et la sifflante *h*, M. Schleicher l'amenait tout à
l'heure (voir ci-dessus p. 14), et tout à l'heure également nous
avons constaté qu'elle était toute contraire à la réalité des faits.

En somme, et comme conclusion des pages qui précèdent, il
appert :

1° Que le germanisme commun se trouvant en présence de
trois séries d'explosives, les fit toutes trois progresser d'un degré
en force (la dernière série par le moyen du sifflement);

2° Que le haut-allemand ayant à traiter deux séries d'explosives, les fit toutes deux progresser (la dernière série par le
moyen du sifflement);

3° Que la théorie émise par Grimm, introduisant des éléments
imaginaires, et, par contre, laissant à l'écart une partie des faits
réalisés, n'est plus admissible qu'*historiquement* dans l'enseignement linguistique.

PARIS. — IMP. SIMON RAÇON ET COMP., RUE D'ERFURTH.

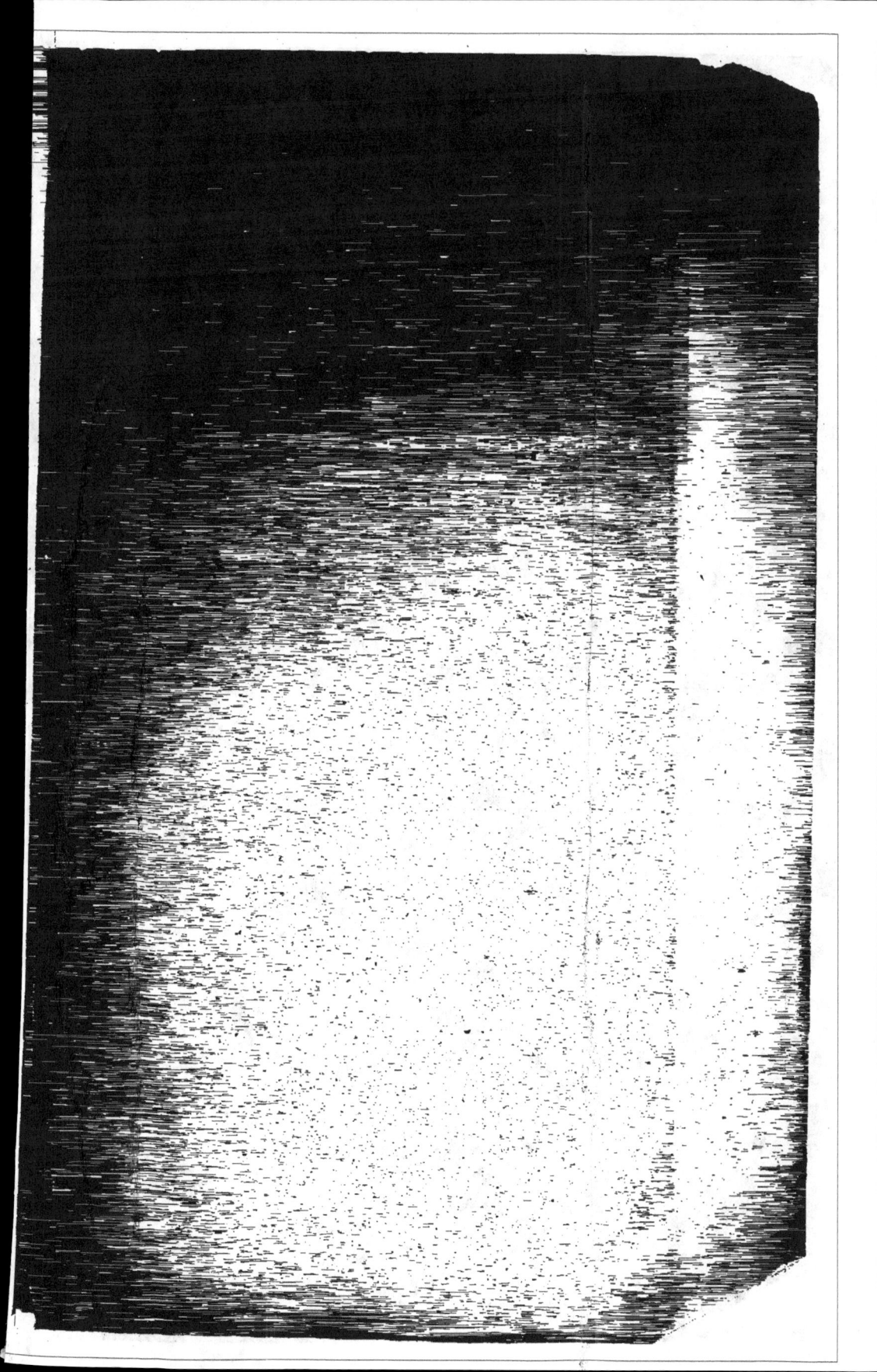

www.ingramcontent.com/pod-product-compliance
Lightning Source LLC
Chambersburg PA
CBHW060720280326
41933CB00013B/2509